AF125738

Einsterns Schwester 3

Themenheft 2

Richtig schreiben

Herausgegeben von
Roland Bauer
Jutta Maurach

Erarbeitet von
Wiebke Gerstenmaier
Sonja Grimm

Cornelsen

Inhaltsverzeichnis

Lernportion 1

Mit Silben arbeiten

Wörter in Silben zerlegen 5
Mit Silben richtig abschreiben 6
Texte richtig abschreiben 7
Silbenkerne einsetzen 8
Wörter richtig trennen 9
Trennungsregeln kennen lernen 10

Lernportion 2

Ableiten und verlängern

Nomen mit ä und äu ableiten 11
Verben mit ä und äu ableiten 12
Nomen mit b, d und g verlängern 13
Adjektive und Verben mit b, d und g verlängern 14
Wörter mit doppeltem Mitlaut verlängern 15
Verben mit ng und nk verlängern 16

Lernportion 3

Besondere Laute und häufige kleine Wörter

Wörter mit sch, sp und st schreiben 17
Wörter mit qu bilden 18
Wörter mit langem i merken 19
v-Laute unterscheiden 20
Wörter mit x-Lauten unterscheiden 21

Lernportion 4

Kurze und lange Selbstlaute

Kurze und lange Selbstlaute unterscheiden 22
Wörter mit doppelten Mitlauten zuordnen 23
Wörter mit doppelten Mitlauten erkennen 24
Wörter mit ck aufschreiben 25
Wörter mit tz üben 26
Wörter mit doppeltem Mitlaut, tz oder ck trennen 27
Doppelte Mitlaute in einem Schleichdiktat üben 28

Lernportion 5

Wörter nachschlagen

Das Alphabet wiederholen 29
Wörter im Wörterbuch finden 30
Mehrzahlformen im Wörterbuch finden 31
Verbformen im Wörterbuch finden 32
Zusammengesetzte Wörter nachschlagen 33
Fremdwörter aufschreiben und erklären 34
Wörter nachschlagen und Texte verbessern 35

Lernportion 6

Merkwörter

M

Wörter mit doppelten Selbstlauten üben 36
Wörter mit langem i finden und ordnen 37
Wörter mit Dehnungs-h erkennen 38
Wörter mit β einsetzen 39

Lernportion 7

Wörter großschreiben

Nomen erkennen 40
Den Satzanfang großschreiben 41
Zeitangaben großschreiben 42
Anredepronomen richtig verwenden 43

Lernportion 8

Fehler berichtigen

Einen Text verbessern 44
Nach Rechtschreibstrategien ordnen 45
Rechtschreibstrategien anwenden 46
Rechtschreibfehler verbessern 47

Wörterliste 48

So kannst du mit den Heften arbeiten

Du machst alle
Seiten der Lernportion 1.

Zuerst im
grünen Heft.

Dann im
roten Heft.

Dann im
gelben Heft.

Und dann im
blauen Heft.

Danach machst du in
allen Heften die Lernportion 2.

Nun machst du in
allen Heften die Lernportion 3.

Genauso bearbeitest du
alle anderen Lernportionen.

Zu jeder
Lernportion
kannst du
im Arbeitsheft
arbeiten.

→ AH Seite …
Dieser Hinweis zeigt dir,
dass es eine passende Seite
im Arbeitsheft gibt.

1 Wörter in Silben zerlegen

1 Sprich die Wörter deutlich in Silben. Schwinge dazu.

Wörter bestehen aus Silben.
Jede Silbe hat einen Silbenkern:
der Start, der Pilot

Start | Maschine | Luft | Flughafen | Pilot

Funkgerät | Jumbo | Schalter | Radarschirm | Bodenpersonal

2 Schreibe die Wörter aus **1** mit Silbenbögen in dein Heft. Markiere die Silbenkerne.

Heft 2, Seite 5 ②
der Start, die Maschine, ...
...

3 Setze die Silben zu Wörtern zusammen. Schreibe die sechs Wörter mit Silbenbögen auf.

Ab band ber der flug För ge gen hal Hub
ke le päck Rei schrau se Tank wa Wol

Heft 2, Seite 5 ③
Abflughalle, ...
...

die Anzeigetafel
das Flugzeug
die Landebahn
der Rückflug
fliegen
verreisen

1 Mit Silben richtig abschreiben

So schreibe ich richtig ab:

- Ich spreche ein Wort oder mehrere Wörter in Silben.
- Ich merke mir schwierige Stellen.
- Ich schreibe die Wörter auswendig auf und spreche dabei in Silben.
- Ich zeichne die Silbenbögen darunter und prüfe das Wort.

1 Schreibe die Wörter der Einkaufsliste mit Silbenbögen untereinander in dein Heft. Achte auf schwierige Stellen.

Heft 2, Seite 6 ①
Margarine
...

Margarine · fünf Sesambrötchen · Honigkuchen

ein Kilo Äpfel · sieben Bananen

fünfhundert Gramm Milchreis · zwei Liter Vollmilch

2 Schreibe den Text als Schleichdiktat. Zeichne zur Kontrolle die Silbenbögen ein.

Heute koche ich Milchreis. |
Dazu stelle ich | einen Topf mit Milch |
auf den Herd | und schalte ihn an. | Ich gebe |
zwei Löffel Zucker dazu. | Wenn die Milch kocht, |
schütte ich | eine Tasse Reis hinein. |
Damit nichts anbrennt, | rühre ich gut um.

Heft 2, Seite 6 ②
Heute koche ich Milchreis.
Dazu ...

der Kessel
der Löffel
die Pfanne
der Pfeffer
der Zucker
rühren

1 Texte richtig abschreiben

1 Lies die Einkaufsliste. Schreibe die Einkaufsliste mit Silbenbögen in dein Heft.

acht Oktopusschwänze
sieben Warzenkröteneier
zwei Tüten rosa Oleanderblüten
fünf Krokodilsträne
eine Tube Schleimpasta
drei Kilo Knochenpulver
Baldrian

2 Lies den Zauberspruch und schreibe die Zutaten mit Silbenbögen auf die Einkaufsliste dazu.

Zauberspruch

Nimm Entenfedern, Löwenzahn
und einen Löffel Lebertran.
Sprich: „Hunke-munke-mops“ dabei
und mische einen dicken Brei.
Schmier dir die Nasenspitze ein,
und stell dich in den Mondenschein.
Und schwebst du nun nicht in die Nacht,
dann hast du etwas falsch gemacht!

Max Kruse

3 Reime die Zaubersprüche weiter.

Hunke-munke-mops ...

Räubersäbel, Hasenzahn, Majoran und Parmesan ...

Lirum Larum Besenstiel ...

1 Silbenkerne einsetzen

Jede Silbe hat einen **Silbenkern**.
Meistens ist es ein **Selbstlaut** (a, e, i, o, u): der Ball, die Nase
Manchmal ist es ein **Umlaut** (ä, ö, ü): der Bär, die Möwe
Manchmal ist es ein **Zwielaut** (ei, eu, au, äu): das Haus, die Leute

1 Schreibe die Wörter mit Silbenbögen richtig auf.
Markiere die Silbenkerne.

a) R★k★t★ ★ Pl★n★t ★ S★nn★ ★
★ T★l★sk★p ★ M★rsm★nnch★n ★

b) ★ Rmschff ★ Strnbld ★ Mnd ★
★ Mlchstrß ★ Wltll ★ nvrsm ★

Heft 2, Seite 8 ①
a) Rakete, ...
b) Raumschiff, ...

2 Viele Wörter haben die Endungen **-er**, **-el** oder **-en**.
Schreibe die Wörter mit Silbenbögen auf.
Markiere die Silbenkerne.

Heft 2, Seite 8 ②
Rätsel, ...
...

Räts★ Himm★ Gewitt★ bleib★ Flüg★
flieg★ fang★ Vog★ darüb★
West★ Ost★ Wett★ fall★ Neb★

dunkel
innen
oben
offen
sicher
wieder

1 Wörter richtig trennen

Wörter mit zwei oder mehr Silben kann man **trennen**: Kin-der
Ich trenne Wörter **am Ende einer Zeile**, wenn nicht mehr das gesamte Wort in die Zeile passt.
Ich trenne so, wie ich das Wort beim langsamen Lesen in Silben höre.

1 Sprich die Namen der Kinder in Silben.
Schreibe alle Namen mit Trennstrichen auf.

Artur, Ben,
Esra, Felix, Jan,
Janosch, Marie, Marlene,
Max, Melina, Michel,
Moritz, Nina, Özgür,
Ramona, Ronja, Teresa, Tobias, Tom, Verena.

Heft 2, Seite 9
Ar-tur, Ben, ...
...

2 Knicke eine Heftseite der Länge nach in der Mitte.
Schreibe nur auf der linken Hälfte.
Trenne Wörter richtig am Zeilenende.

Hausaufgabenheft | Wandertag | Elternsprechtag

Schulbeginn | Schülerbücherei | Frühstückspausenbrot

Heft 2, Seite 9
Hausauf-
gabenheft, ...

3 Entscheide, welche beiden Regeln stimmen. Schreibe die zwei richtigen Regeln zur Silbentrennung in dein Heft.

- Jede Silbe hat einen Silbenkern.
- Jede Silbe hat mindestens zwei Silbenkerne.

- Einsilbige Wörter kann man trennen.
- Einsilbige Wörter kann man nicht trennen.

Heft 2, Seite 9
Jede Silbe ...
...

→ AH Seite 8

1 Trennungsregeln kennen lernen

1 Schreibe die Wörter mit Trennstrichen auf.
Finde Reimwörter dazu.

a) singen ✱ br✱✱✱✱✱ ✱ gel✱✱✱✱✱

b) winken ✱ st✱✱✱✱✱ ✱ bl✱✱✱✱✱ ✱ tr✱✱✱✱✱

c) lenken ✱ sch✱✱✱✱✱ ✱ d✱✱✱✱✱

Heft 2, Seite 10
a) sin-gen, brin-gen, ...
...

Wenn du unsicher bist, wie du ein Wort trennen darfst, schau in der Wörterliste ab Seite 48 nach.

2 Trenne diese Wörter.

Butter | Messer | Kanne | Teller | Spagetti | Brille

a) Sprich deutlich in Silben.
Mache die doppelten Mitlaute hörbar.
Schreibe die Wörter mit Silbenbögen auf.

b) Schlage die Trennung der Wörter in der Wörterliste nach.
Vergleiche. Schreibe dann einen Merksatz auf.

Heft 2, Seite 10
a) Butter, ...
b) Merke: Wörter mit doppeltem Mitlaut trenne ich ...

3 Lies Lolas Tipp. Schreibe die Namen auf.
Achte darauf, ob du trennen darfst.

Alex | Eva | Erkan | Finja
Hanna | Ida | Jakob | Lea | Lena
Malte | Niklas | Oli | Pia

Manche Wörter darfst du nicht so trennen wie beim Silbensprechen, denn ein Buchstabe darf nie allein stehen:
Alex

blinken
danken
lassen
lenken
pressen
tanken

Heft 2, Seite 10
Alex, ...

2 Nomen mit ä und äu ableiten

Ich schreibe ein Wort mit ä oder äu,
wenn ich es aus einem Wort mit a oder au **ableiten** kann.

das Äffchen ↯ der Affe

die Fäuste ↯ die Faust

1 Finde ein verwandtes Wort. Leite ab.

Heft 2, Seite 11 ①
die Hände ↯ die Hand
...

2 Finde verwandte Wörter. Leite ab.

a) Ergänze und schreibe ins Heft.

Klein ist:	Groß ist:
das Gärtchen	↯ der
das Täschchen	↯
	↯ der Wald
	↯ das Lamm
	↯ die Taube
	↯
	↯

Heft 2, Seite 11 ② a)
das Gärtchen ↯ der Garten
...

die Ärzte
die Gläser
die Städte
die Tasche
die Wälder
die Zäune

b) Finde mindestens vier eigene Beispiele.

2 Verben mit ä und äu ableiten

1 Finde das verwandte Verb.
Schreibe das Wortpaar ins Heft. Markiere **ä** und **äu**.

der Raum – die Zahl – der Glanz – der Traum – der Kamm – der Schaum

Heft 2, Seite 12 ①
⚡: der Raum – aufräumen
...

2 Ergänze die Verben aus **1** in der passenden Form.
Schreibe die Sätze auf.

Opa ____ Max gerne von früher.

Maike ____ jeden Morgen ihre langen Haare.

Tom hat heute freiwillig sein Zimmer ____.

Viele Menschen ____ von einer Weltreise.

Das Spülmittel ____ beim Geschirrspülen.

Der geputzte Sportwagen ____ in der Sonne.

Heft 2, Seite 12 ②
Opa erzählt Max gerne von früher.
...

3

ändern
aufräumen
erzählen
glänzen
lächeln
wählen

2 Nomen mit b, d und g verlängern

Manchmal kann ich nicht hören, ob ich ein Wort mit **b oder p, d oder t, g oder k** schreiben muss. Dann verlängere ich das Wort durch Weiterschwingen. Bei Nomen suche ich die Mehrzahl.

die Bur ? (g oder k?) Beweis: die Burgen Lösung: die Burg

Bei Adjektiven setze ich ein Nomen dahinter.

wil ? (d oder t?) Beweis: das wilde Tier Lösung: wild

Bei Verben suche ich die Grundform.

sie lie t? (b oder p?) Beweis: lieben Lösung: sie liebt

1 Bilde die Mehrzahl der Nomen. Schreibe Einzahl und Mehrzahl in dein Heft. Markiere die Nachdenkstelle.

Heft 2, Seite 13
das Sieb → die Siebe
...

2 Schreibe mindestens drei eigene Beispiele auf.

→ AH Seite 14

2 Adjektive und Verben mit b, d und g verlängern

1 Setze **b** oder **p**, **d** oder **t** oder **g** oder **k** ein.

a) Schreibe ab. b) Finde weitere Beispiele.

Das Kind ist kran✱.  – das ▢ Kind

Der Ball ist run✱.  – der ▢ Ball

Der Drachen ist bun✱.  – der ▢ Drachen

Die Blume ist gel✱.  – die ▢ Blume

Der Professor ist klu✱.  – der ▢ Professor

Heft 2, Seite 14 ① a)
Das Kind ist krank. ↪
das kranke Kind ...
...

2 In jedem Quartett fehlt eine Karte.
Schreibe die Quartette auf. Ergänze die Grundform.

Heft 2, Seite 14 ②
du liegst – er liegt –
ihr liegt – liegen
...

3

erlauben
schieben
schweigen
steigen
sterben
treiben

2 Wörter mit doppeltem Mitlaut verlängern

Manchmal kann ich einen **doppelten Mitlaut** schlecht hören.
Dann hilft das **Weiterschwingen.** So kann ich den doppelten Mitlaut in zwei Silben hören.

Nomen:	Adjektiv:	Verb:
Stamm, die Stämme	dünn, ein dünner Mann	kommt, kommen

1 Verlängere durch Weiterschwingen.
Kennzeichne den kurzen Selbstlaut.

krumm | trifft | rennt

Kamm | Schritt | glatt | voll

Kuss | schnappt | kläfft

Heft 2, Seite 15 ①
krumm ↪ eine krumme Banane
...

Vor einem doppelten Mitlaut steht immer ein kurz gesprochener Selbstlaut.

2 Verlängere durch Weiterschwingen.
Schreibe auf, wie du verlängert hast.

Heft 2, Seite 15 ②
Schwimmunterricht ↪ schwimmen
...

Im Schwi✱unterricht hat Niko nicht viel gelernt. Er hat sich am Bre✱ festgehalten und weit weg gewünscht. Der Anfang war du✱ gelaufen. In der ersten Stunde ist Niko durch das Hallenbad gera✱t, ausgerutscht und mit dem Knie auf die Fliesen gepra✱t. Er durfte dann nicht mit ins Wasser und hat so den Anschlu✱ verpa✱t. Aber jetzt ka✱ er es. In den letzten Ferien war die Familie am Meer. Und da ist Niko einfach ins Wasser gesprungen und losgeschwommen. Dieses Gefühl war to✱.

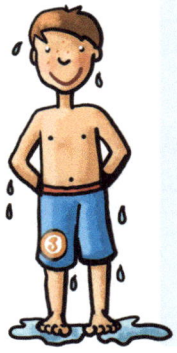

der Kamm
das Schloss
beginnen
lassen
bestimmt
schnell

2 Verben mit ng und nk verlängern

1 Würfle und rücke mit deiner Spielfigur in Pfeilrichtung entsprechend deiner Augenzahl vor. Bilde durch Verlängern die Grundform. Mache **ng** oder **nk** hörbar.

Bei manchen Verbformen kannst du **ng** oder **nk** nicht deutlich hören. Bilde dann die Grundform:
sie sprin★t – springen
er den★t – denken

es kli★t	es drä★t	er sche★t	es si★t
es wa★t	er bli★t	es hä★t	er de★t
er spri★t	er fä★t	ZIEL	es schwa★t
sie hi★t	sie da★t	er si★t	sie tri★t
sie le★t	es sti★t	sie za★t	START

2 Bilde mithilfe der Verben aus 1 Reimwortketten in der Grundform.

Heft 2, Seite 16 ②
danken – schwanken …
…

3 Suche aus der Wörterliste Wörter, bei denen du deutlich **ng** oder **nk** hören kannst.

Heft 2, Seite 16 ③
der Anfang, bringen …
…

3 Wörter mit sch, sp und st schreiben

1 Lies die Wörter. In diesen Wörtern folgen viele Mitlaute aufeinander.

a) Mache die Mitlaute hörbar, indem du die Wörter deutlich sprichst.

schweigen | Schwester | Matsch | Schranke

schwer | schlau | schnell

rutschen | Schwein | klatschen | Zwetschge

schwarz | waschen | deutsch

b) Ordne die Wörter nach Nomen, Verben und Adjektiven. Schreibe sie mit Silbenbögen auf.

Heft 2, Seite 17 ① b)
Nomen: die Schwester, ...
Verben: schweigen, ...
Adjektive: ...

c) Schreibe drei Verben in den Personalformen ich ..., du ..., er ... auf.

Heft 2, Seite 17 ① c)
ich schweige – du ...

2 Ergänze **Sp**, **sp**, **St** oder **st**.

a) Sprich die Wörter langsam und deutlich.

☆ort ☆enden ☆aren ☆ielen ☆reiten

☆ehlen Ge☆ank ☆ucken ☆aziergang

☆inne ☆inat ☆agetti ☆argel ☆urm

b) Ordne die Wörter.

☺ Ich mag: ☹ Ich mag nicht:

Heft 2, Seite 17 ② b)
Ich mag: Sport, ...
Ich mag nicht: ...

3

schlucken
schwimmen
spotten
schlimm
schwierig
steil

3 Wörter mit qu bilden

M

1 Schreibe die Wörter mit Silbenbögen in dein Heft.
Die Bilder helfen dir.

Quel Qual le Qua Quark le Quar drat
der tett Quit tung Quirl Qua

Heft 2, Seite 18 ①
die Quelle, ...
...

2 Lies die Wörter und sortiere nach Verben und Adjektiven.

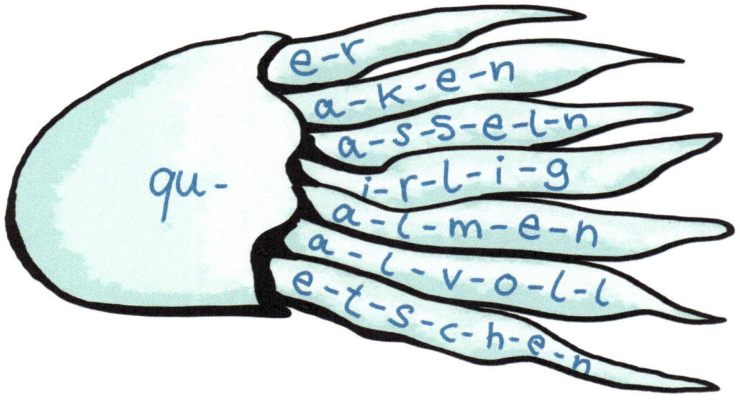

Heft 2, Seite 18 ②
Adjektive: quer ...
Verben: ...

3 Schreibe Unsinnsätze mit
Qu- und qu-Wörtern.

Qualmende Quadrate
quietschen qualvoll.

Heft 2, Seite 18 ③
...

4

das Quadrat quälen
der Qualm bequem
das Quartett quer

3 Wörter mit langem i merken

M

Wörter mit lang gesprochenem i schreibt man fast immer mit **ie.**
Nur wenige Wörter mit langem i schreibe ich mit **ih.**
Diese kommen aber sehr oft vor:
ihm, ihr, ihn, ihre

1 Schreibe mindestens zehn Wörter mit **ie** auf.
Du kannst auch in der Wörterliste nachschlagen.

Heft 2, Seite 19 ①
die Biene, das Sieb, lieb ...
...

2 Schreibe den Text ab und setze die Wörter richtig ein.

Heft 2, Seite 19 ②
Mein Hund heißt Bello.
Ich habe ihn sehr lieb.
Ich ...

ihrer | ihm | ihn | ihm

ihrem | ihn | ihre

Mein Hund heißt Bello. Ich habe ___ sehr lieb.

Ich füttere ___ und spiele mit ___.

Nach der Schule gehe ich mit ___ spazieren.

Meine Freundin hat drei junge Katzen.

___ Namen sind Minka, Tinka und Katerle.

Sie liegen gerne in ___ Körbchen

und kuscheln mit ___ Mutter.

3 v-Laute unterscheiden

M

V wird unterschiedlich gesprochen:
v wie **f**, z. B. viel, bevor **v** wie **w**, z. B. Klavier, Veranda
V-Wörter musst du dir merken.

1 Ersetze die Bilder durch die passenden Wörter.
Lies die verrückten **V**-Wörter einem Partnerkind vor.

viele Kugeln

eine violette

eine versteckte

eine verrostete

eine vollgekleckerte

ein verstimmtes

ein verwaschener

Heft 2, Seite 20 ①
viele Kugeln Vanilleeis ...
...

Vase | Vanilleeis | Klavier | Viper | Pullover | Lokomotive | Serviette

2 Schreibe die Wörter in dein Heft.
Blau = Wörter, bei denen das v wie f gesprochen wird
Grün = Wörter, bei denen v wie w gesprochen wird

Heft 2, Seite 20 ②
völlig, Villa ...
...

völlig | Villa | Virus | vor | Vogel | voll | vorn | Verb
Lava | bevor | November | Larve | Vulkan
Viper | Veranda | Vetter | bravo
Pulver | Vers
Ventil | Nerven | brav | Silvester | Vater

das Klavier
die Kurve
das Ventil
vorbei
vorn
vorsichtig

3 Wörter mit x-Lauten unterscheiden

M

Der x-Laut kann auf verschiedene Weise geschrieben werden:
als **x**: Axt, Nixe — als **chs**: wechseln, Fuchs
als **cks**: Klecks — als **ks**: Keks
Die Wörter mit x-Laut musst du dir merken.

1 Lies den Text und löse die Aufgaben.

Heft 2, Seite 21
a) Lachs, ...
...

Hexenküche

Hexe Mira mixt einen neuen Zaubertrank. Für dieses Experiment braucht sie einige exotische Zutaten: exakt siebenundzwanzig Gräten vom Lachs, sechs Schuppen einer Eidechse, drei Haare vom Dachs, einen Milchzahn vom Fuchs, einen Eimer Bienenwachs und drei Becher Ochsenblut. Ihr Kater kommt mucksmäuschenstill in die Küche geschlichen, schnuppert und läuft schnurstracks wieder hinaus. Obwohl Mira auf dem Gebiet der Mixturen als Expertin gilt, schaut sie lieber noch einmal in ihrem Zauberlexikon nach, damit der Trank nicht explodiert.

a) Schreibe alle vier Tiere mit **chs** auf.

b) Schreibe das Zahlwort mit **chs** auf.

c) Schreibe mindestens acht Wörter mit **x** auf.

d) Finde im Text ein anderes Wort für **genau.**

e) Finde im Text ein anderes Wort für **ganz leise.**

f) Finde noch ein Wort mit **cks**.

g) Finde ein Wort für das Gegenteil von **rechts.**

die Axt
boxen
verwechseln
wachsen
extra
der Fuchs

4 Kurze und lange Selbstlaute unterscheiden

Nach einem **kurzen Selbstlaut** (a, e, i, o, u) folgen meistens **zwei oder mehr Mitlaute:**

- verschiedene Mitlaute: der Saft, winzig oder
- zwei gleiche Mitlaute: der Himmel, nass

Nach einem **langen Selbstlaut** folgt meist nur **ein Mitlaut:**
die Rose, das Gras

1 Schreibe die Wörter ab und kennzeichne den kurzen Selbstlaut mit einem Punkt. Markiere die folgenden Mitlaute.

alt | Tasse | satt | krank | nett | wild

Saft | Kind | Kanne | Welt | Ente

Heft 2, Seite 22 ①
alt, Tasse, ...
...

2 Sprich die Wörter deutlich.
Schreibe alle Wörter mit einem langen Selbstlaut auf.
Kennzeichne den langen Selbstlaut mit einem Strich.

Heft 2, Seite 22 ②
das Glas, ...
...

3 Kurzes i oder langes ie?
Ergänze und schreibe die Wörter in dein Heft.

F✱nger l✱b s✱ngen

D✱b w✱ld rad✱ren

B✱ld verl✱ren st✱ll

Heft 2, Seite 22 ③
Finger, lieb, ...
...

biegen schief
verbieten vielleicht

→ AH Seite 29

4 Wörter mit doppelten Mitlauten zuordnen

Nach einem kurzen Selbstlaut stehen oft zwei gleiche Mitlaute.

1 Sortiere die Wörter. Markiere den doppelten Mitlaut. Kennzeichne den kurzen Selbstlaut davor mit einem Punkt. Zeichne Silbenbögen.

Heft 2, Seite 23 ①
bb: Hobby
ff: ...
ll: Ball
nn: ...
pp: ...
tt: ...

2 Finde zu den Silbenbögen mit doppeltem Mitlaut passende Wörter. Nutze die Wörterliste oder ein Wörterbuch.

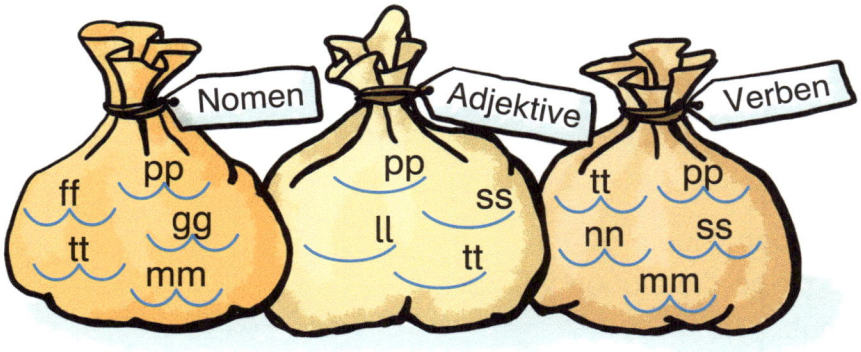

Heft 2, Seite 23 ②
Nomen: Koffer, ...
Adjektive: schlapp, ...
Verben: wetten, ...

3 Überlege dir zu den Nomen aus den Wörterschlangen Reimwörter. Kennzeichne den kurzen Selbstlaut. Zeichne Silbenbögen.

Heft 2, Seite 23 ③
Fälle – Bälle
...

die Brille	fressen
das Futter	sammeln
die Stelle	stimmen

4 Wörter mit doppelten Mitlauten erkennen

1 Sprich die Wörter in Silben. Trenne deutlich zwischen den doppelten Mitlauten, sodass du beide Mitlaute hören kannst.

Wetter | Lappen | Teller | Messer | Löffel

essen | lassen | Matte | wollen

2 Verlängere die einsilbigen Wörter durch Weiterschwingen.

still | Bett | er nennt

er muss | er will | Schloss

es brennt | schnell | hell

Heft 2, Seite 24 ②
still – eine stille Nacht
...

Am Wortende hörst du den doppelten Mitlaut nur als einen Laut. Mache ihn durch Weiterschwingen hörbar:
das Bett – die Betten

3 Sprich die Wörter deutlich in Silben. Achte dabei auf den doppelten Mitlaut. Schreibe die sieben Wörter mit einem kurzen Selbstlaut auf.

Heft 2, Seite 24 ③
Brille, ...
...

der Ball
der Fluss
der Müll
der Stamm
dumm
hell

→ AH Seite 30

4 Wörter mit ck aufschreiben

Nach einem kurzen Selbstlaut steht nicht kk sondern **ck**:
der Wecker, backen, dreckig

1 Finde die Reimwörter und schreibe sie auf.
Kennzeichne die kurzen Selbstlaute und markiere das **ck**.

backen
hacken
der Nacken
die Z

der Rücken
pfl
b
die

die Hecke
die Z
die

die Locken
h
die

Heft 2, Seite 25 ①
backen – hacken –
der Nacken – die Zacken
...

2 Bilde mindestens zehn Wörter mit **eck**
und schreibe sie auf.
Kennzeichne den kurzen Selbstlaut mit einen Punkt.

H	schl				er
W	st	l			en
Z	w	schr		eck	e
B	l	dr			lich
Gem	n				ig

Heft 2, Seite 25 ②
die Hecke, schlecken,
der Wecker, ...

das Glück
der Rücken
das Stück
einpacken
dick
schrecklich

4 Wörter mit tz üben

Nach einem kurzen Selbstlaut steht nicht zz, sondern **tz**: die Katze
Am Wortende kann ich das tz nur durch Verlängern hörbar machen:
der Blitz, die Blit-ze

1 Würfle und wähle eine der beiden Aufgaben.
Löse so mindestens vier Aufgaben.

Netz ✶ Mütze ✶ Tatze ✶ Pfütze ✶ Sitz ✶ Spitze ✶
petzen ✶ Latz ✶ putzen ✶ Witz ✶ sitzen ✶
schützen ✶ trotzig ✶ stützen ✶ Lakritze ✶ setzen ✶
Katze ✶ Verletzung ✶ hetzen ✶ spitz ✶ kratzig ✶
Platz ✶ Schatz ✶ kratzen ✶ witzig ✶ Blitz ✶ ritzen

Heft 2, Seite 26 ①
⊡ petzen, putzen, ...
oder
⊡ Netze, Sitze, ...
...

- Schreibe alle Verben mit **tz** auf. Markiere den kurzen Selbstlaut.
- Schreibe alle Nomen mit **tz** auf. Markiere den kurzen Selbstlaut.
- Schreibe alle einsilbigen Wörter heraus.
- Ordne alle Nomen nach dem Alphabet.
- Schreibe fünf Reimwortpaare mit **tz** auf.
- Schreibe aus dem Gedächtnis möglichst viele **tz**-Wörter auf.

- Verlängere durch Weiterschwingen alle Wörter, die auf **tz** enden.
- Schreibe einen Unsinnsatz mit möglichst vielen **tz**-Wörtern.
- Schreibe zehn **tz**-Wörter auf. Gestalte das **tz** besonders (groß, winzig, bunt, verschnörkelt ...).
- Schreibe ein kurzes **tz**-Gedicht.
- Male ein Bild, auf dem viele **tz**-Wörter zu sehen sind.
- Schreibe alle Adjektive mit **tz** auf. Markiere den kurzen Selbstlaut.

die Katze
der Platz
jetzt
plötzlich
trotzdem
zuletzt

4 Wörter mit doppeltem Mitlaut, tz oder ck trennen

Wörter mit einem **doppelten Mitlaut** trenne ich wie beim Silbensprechen **zwischen den doppelten Mitlauten:** Pup-pe, mes-sen
Wörter mit **tz** trenne ich zwischen **t** und **z**: blit-zen, put-zen
Aber: Wörter mit **ck** trenne ich nach dem kurzen Selbstlaut.
c und k bleiben immer zusammen: we-cken, Ja-cke

1 Schreibe die Wörter mit Silben-Trennstrichen auf.

Heft 2, Seite 27 ①
Flüs-se, ...
...

2 Schreibe die Wörter mit Trennstrichen auf.

ma trat ze Luft

ze tat Kat zen

ding sel Pud schüs

cker cke Zu schne

Heft 2, Seite 27 ②
Luft-ma-trat-ze, ...
...

3 Maries Mutter braucht viele Dinge.
Schreibe eine Einkaufsliste mit Trennstrichen ins Heft.

Heft 2, Seite 27 ③
einen Lo-cken-stab
eine di-cke Müt-ze
...

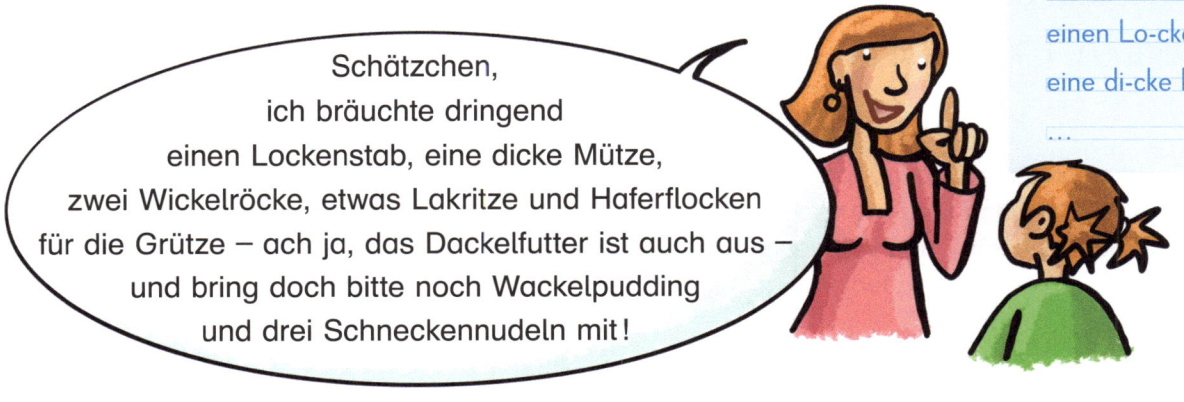

4 Doppelte Mitlaute in einem Schleichdiktat üben

So schreibe ich ein Schleichdiktat:

1. Ich lese den Text in Ruhe durch und lege ihn an einen weit entfernten Platz.
2. Ich merke mir einen Abschnitt bis zum Trennstrich und schleiche zu meinem Platz.
3. Ich schreibe den Abschnitt auf. Ich lasse dabei über jeder Zeile eine Zeile frei.
4. Ich schleiche wieder zum Text und merke mir den nächsten Abschnitt, bis ich den Text geschrieben habe.
5. Ich hole den Text und kontrolliere Wort für Wort.
6. Ich streiche ein falsches Wort durch und schreibe das richtige Wort darüber.

1 Schreibe ein Schleichdiktat nach Lolas Anleitung.
Setze dabei **ll**, **mm**, **ss**, **tz** oder **ck** in die Lücken ein.
Decke die Lösung unten ab.

Heft 2, Seite 28 ①

Ein nasses Vergnügen

Bist

~~Bisst~~ du im Sommer …

…

Ein na✱es Vergnügen |

Bist du im So✱er | stark erhi✱t, |
macht eine Wa✱erschlacht |
riesigen Spaß. | Besonders wi✱ig ist es, |
kleine Luftba✱ons | mit Wa✱er zu fü✱en. |
Mit den Wa✱erbomben | werden besti✱t | a✱e Kinder na✱. |
Zerpla✱t ein buntes Gu✱igescho✱ | auf dem Asphalt, |
spri✱t es | bis in die hinterste E✱e. |
Fli✱t man nicht | schne✱ genug davon |
oder findet kein sicheres Verste✱, |
bleibt besti✱t | kein Kleidungsstü✱ tro✱en.

Lösung:

Ein nasses Vergnügen

Bist du im Sommer stark erhitzt, macht eine Wasserschlacht riesigen Spaß.
Besonders witzig ist es, kleine Luftballons mit Wasser zu füllen. Mit den Wasserbomben werden bestimmt alle Kinder nass. Zerplatzt ein buntes Gummigeschoss auf dem Asphalt, spritzt es bis in die hinterste Ecke. Flitzt man nicht schnell genug davon oder findet kein sicheres Versteck, bleibt bestimmt kein Kleidungsstück trocken.

5 Das Alphabet wiederholen

1 Schreibe die Buchstaben mit ihrem Vorgänger und Nachfolger auf.

I O U E B

Heft 2, Seite 29 ①
H I J, ...
...

2 Lies die Wörter.

Berg ✶ anfangs ✶ Punkt ✶ Kreis ✶ Erde ✶ Zeit ✶
Dorf ✶ Garten ✶ endlich ✶ Feuer ✶ Licht ✶
immer ✶ Idee ✶ Musik ✶ Uhr ✶ Traum ✶ Ort ✶
oben ✶ Schluss ✶ unten ✶ Hase ✶ Jacke ✶ Netz

a) Schreibe alle Wörter auf, die mit einem Selbstlaut beginnen.

b) Schreibe alle Nomen nach dem Alphabet geordnet auf.

Heft 2, Seite 29 ②
a) anfangs, ...
b) Berg, ...

3 Ordne diese Wörter nach dem Alphabet.

a) alt, arm, albern, ängstlich

b) braun, böse, blass, blind

c) trinken, tanken, denken, danken, schenken, lenken

Heft 2, Seite 29 ③
a) albern, ...

4

die Prüfung
der Punkt
das Rätsel
die Sprache
richtig
schwer

5 Wörter im Wörterbuch finden

Im Wörterbuch stehen die Wörter nach dem Alphabet geordnet. Zuerst steht **fett gedruckt** das **Leitwort,** dahinter stehen manchmal noch Nebenstichwörter:
falsch, fälschen, der Fälscher, die Fälschung

1 Sieh dir die Wörterbuchseite an.
Beantworte die Fragen in ganzen Sätzen.

Heft 2, Seite 30 ①
a) Fett gedruckt sind ...
b) Hinter jedem Nomen steht ...
c) Bei jedem Verb steht ...
d) Die Pfeile bedeuten, dass ...
...

Fa

F f

Leitwort — die **Fa|bel,** die Fabeln
die **Fa|brik,** die Fabriken, der Fabrikant
das **Fach,** die Fächer, der Fachmann (➔ Mann), das Fachwerk (➔ Werk)
Verweis auf ein weiteres Wort im Wörterbuch
die **Fa|ckel,** die Fackeln
fad, fade
Silbentrennung — der **Fa|den,** die Fäden, einfädeln
Nebenstichwort — **fä|hig,** die Fähigkeit
fahn|den, sie fahndete, die Fahndung
die **Fah|ne,** die Fahnen
Personalform — **fah|ren,** sie fährt, sie fuhr, die Fahrt, der Fahrer, die Fahrkarte, die Fähre, das Fahrzeug S. 227
Mehrzahl — das **Fahr|rad,** die Fahrräder S. 211
fair, unfair
Vergangenheitsform — **fal|len,** du fällst, sie fiel, auf jeden Fall S. 227
fäl|len, er fällte S. 227
fäl|lig S. 227
falsch, fälschen, der Fälscher, die Fälschung
die **Fal|te,** die Falten, falten
Artikel — der **Fal|ter,** die Falter
die **Fa|mi|lie,** die Familien

A B C D E F G H I J K L M N O P Q R S T U V W X Y Z

115

a) Was ist immer fett gedruckt?

b) Was steht hinter jedem Nomen?

c) Was steht bei jedem Verb dabei?

d) Was bedeuten die Pfeile?

e) Schreibe das Wort mit den meisten Nebenstichwörtern auf.

f) Schreibe drei Nomen mit der Mehrzahlform auf.

→ AH Seite 37

5 Mehrzahlformen im Wörterbuch finden

Wenn ein Nomen in der Mehrzahl steht, muss ich zuerst die Einzahl bilden, um das Wort im Wörterbuch zu finden: Mäuse finde ich unter Maus.

1 Finde zu den Mehrzahlwörtern das Einzahlwort. Suche in der Wörterliste und schreibe die Seitenzahl und das Einzahlwort mit Artikel heraus.

Tücher | Kämme | Wörter | Eier

Fahrten | Blüten | Gärten | Wälder

Bücher | Fahrräder | Tränen | Schwestern

Heft 2, Seite 31 ①
Tücher → das Tuch, Seite 54 ...
...

2 Bilde das Einzahlwort und ordne es den Buchseiten zu.

Heft 2, Seite 31 ②
Flüsse → Fluss: Seite 1
...

Flüsse Gefahren Koffer Fahrkarten Glüser Kind Füchse Götter

Kürbis

fleißig ? frisch ~1~

fressen ? Futter ~2~

Esel ? falsch ~3~

geboren ? gelb ~4~

Gewitter ? Gras ~5~

glauben ? Gras ~6~

Kiefer ? Kino ~7~

Knopf ? Kohl ~8~

Kugel ? küssen ~9~

der Gott
das Gras
die Träne
der Zeh
geboren
fleißig

5 Verbformen im Wörterbuch finden

Verschiedene Verbformen finde ich immer bei der Grundform:
er isst steht bei essen und
er rannte steht bei rennen.

In manchen Wörterbüchern findest du auch die verschiedenen Verbformen.

1 Suche die Vergangenheitsform im Wörterbuch.

Heft 2, Seite 32 ①
fangen – er fing (Seite ...)
...

Die Vergangenheitsform eines Verbs steht auch bei der Grundform.

2 Suche im Wörterbuch die Grundform der Verben und schreibe die Seitenzahl dahinter.

Heft 2, Seite 32 ②
sie sah – sehen (Seite 53)
...

aß	sah
ging	vergessen
nehmen	wissen

sie sah | gefroren | er schnitt | er aß
es brannte | sie erschrak | gesessen

5 Zusammengesetzte Nomen nachschlagen

Zusammengesetzte Wörter zerlege ich in ihre Bestandteile und schlage diese Wörter einzeln im Wörterbuch nach:
Waldarbeiter: der Wald + arbeiten

1 Zerlege die acht zusammengesetzten Nomen in Einzelwörter. Überprüfe die einzelnen Wörter mit dem Wörterbuch und schreibe sie richtig auf.

Herr Maier ist Förster. Zusammen mit einem Waltarbeiter schaut er, welche Laubbeume gefällt werden müssen. Auf einem alten Baum nistet ein Buntschpecht. Der Baum darf deshalb noch stehen bleiben. Auch die Informatzionsschilder am Naturlehrpfat müssen neu befestigt werden. Als er die Futtergrippe auffüllt, kommen zwei Wiltschweine und ein Rehkiz.

Heft 2, Seite 33 ①
der Wald + arbeiten
der Waldarbeiter
das Laub + der Baum
die Laubbäume
...

2 Bilde mit einem Partnerkind Wörterketten.

der Bach
die Ente
das Feld
der Frühling
der Fuchs
der Garten

5 Fremdwörter aufschreiben und erklären

1 Verfolge die Linien mit dem Finger und schreibe die Wörter geordnet nach ihrer Herkunft auf.
Schreibe bei Nomen die Artikel dazu.

Wenn du den Artikel nicht weißt, schlage im Wörterbuch nach.

Heft 2, Seite 34 ①
GB: Jeans, T-Shirt, ...
F: Baguette, ...
...

GB	F	GR	I
Jeans	Baguette	Lexikon	Pianist
Thermometer	T-Shirt	Café	präparieren
Mathematik	Sport	Bonbon	
Produkt	cool	Psychologe	Saison
Rollerskates	Verb	Champignon	
Symbol	Test	Explosion	Picknick

2 Suche das Fremdwort mit derselben Bedeutung im Wörterbuch.

Namenwort = N✱✱✱✱
Innenstadt = Ci✱✱
kräftig rosa = p✱✱✱
Versuch = Ex✱✱✱✱✱✱✱✱
gesundheitlich in Form = ✱✱✱

Die Römer in Italien sprachen früher Latein, viele unserer Wörter kommen aus dieser Sprache.

Heft 2, Seite 34 ②
Namenwort = Nomen,
Innenstadt = ...
...

3 Suche das Fremdwort und dessen Bedeutung im Wörterbuch. Erkläre die Bedeutung mit eigenen Worten.

Spagetti | Thermometer | Portmonee

Heft 2, Seite 34 ③
Spagetti sind...
...

5 Wörter nachschlagen und Texte verbessern

1 Schlage die markierten Wörter im Wörterbuch nach und schreibe sie richtig auf.

Heft 2, Seite 35 ①
der Hit, ...
...

Das Schulfest am letzten Samstag war der Hitt. Bei stralendem Sonnenschein waren mehr als dreihundert Leute gekommen, um gemeinsam das Jubileum der Erich-Kästner-Grundschule zu feiern. Vor genau fünfzig Jahren wurden hier nähmlich die ersten Erstklässler eingeschult. Die Klassen hatten Abwechslungsreiche Vorführungen, lustige Spiele, verschiedene Bastelstazionen und viele leckere Schpezialitäten aus allen Ländern vorbereitet. Das ganze Schulgebäude war überall liebevoll dekoriert. Der Höhepunkt des Tages war aber die Klassenolimpyade. Alle Schüler trafen sich zu einem fähren Wettkampf im Torwandschießen, Froschweitsprung und Drachenlauf. Bei dieser Distziplin gelang es der Klasse 4b unter den Anfeuerungsrufen der Fans die Koncurrenz hinter sich zu lassen. Bei der Gesamtwertung erzielte jedoch die Klasse 3a das beste Ergebnis und durfte den Pockal in Empfang nehmen. Danach halfen alle Eltern, Schüler und Lehrer tatkräftig beim Aufräumen, sodass sogar unser Hausmeister mit dem Ablauf des Festes sehr zufrieden war.

6 Wörter mit doppelten Selbstlauten üben

M

1 Schreibe die Wörter mit Artikel auf.

Heft 2, Seite 36 ①
die Idee, ...
...

2 Schreibe die Wörter auf.

dCCf Erdb★★re MCCr W❀❀ge
p❀❀r M★★r ZCC l★★r St❀❀t
T★★r ❀❀l MCCs Kl★★ BCCt

Heft 2, Seite 36 ②
doof, ..
...

3 Ergänze die Reimwörter und schreibe den ganzen Satz ins Heft.
Unterstreiche die Reimwörter des Satzes in derselben Farbe.

a) Die **Ameisenarmee** marschiert durch die  .

b) Der Zwerg verspeist **Gelee** am  .

c) Im **Mäusehaar** da sitzt ganz frech ein  .

d) Die **Fee** trinkt heute mal statt  einen  .

Heft 2, Seite 36 ③
a) Die Ameisenarmee
marschiert durch die Allee.
b) ...

4

die Beere das Paar
das Boot doof
der Kaffee paar

6 Wörter mit langem i finden und ordnen

M

Es gibt einige Wörter mit langem i, die nur mit i geschrieben werden: Das sind Merkwörter. Diese Wörter präge ich mir gut ein: Artikel

1 Schreibe aus dem Text die neun Wörter mit langem i auf.

Auf Carlas Einkaufszettel stehen folgende Artikel: Mandarinen, drei Liter Orangensaft, zweihundert Gramm Rosinen, ein Brot und ein Kilo Apfelsinen. Für Papas Kusine Eva packt Carla noch eine Schachtel Pralinen ein. Für sich kauft Carla ein neues Lineal.

Heft 2, Seite 37 ①
Artikel, ...
...

2 Sortiere die Wörter nach ihrer Silbenanzahl.
Markiere in jeder Silbe den Silbenkern.
Zeichne Silbenbögen.

Kino ✶ mir ✶ prima ✶ Gardine ✶ Klinik ✶ lila ✶ Lawine ✶ Maschine ✶ Linie ✶ wir ✶ minus ✶ Medizin ✶ Clementine ✶ Kabine

Heft 2, Seite 37 ②
eine Silbe: ...
zwei Silben: Kino, ...
drei Silben: ...
vier Silben: ...

3 Schreibe die acht Nomen aus der Wörterschlange mit Artikel und Silbenbögen auf.

Heft 2, Seite 37 ③
die Olive, ...
...

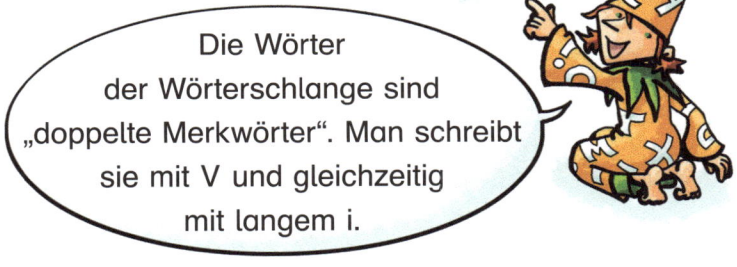

die Idee
das Kilogramm
die Linie
die Maschine
der Tiger
prima

6 Wörter mit Dehnungs-h erkennen

M

1 Ordne jeder Wortfamilie ein Nomen, ein Verb und ein Adjektiv zu. Markiere das unhörbare h und den Selbstlaut davor.

Heft 2, Seite 38 ①
fühlen: das Gefühl, ...
...

fühlen | rühren | wohnen | lehren

das Gefühl | rührselig | die Wohnung | anfühlen

der Rührbesen | die Lehrerin | gefühlvoll | wohnhaft

lehrreich | bewohnen | belehren | umrühren

2 Suche zu den Bildern Reimwörter.

Heft 2, Seite 38 ②
Zahn – Kahn, ...
...

Z=K F=S M=S M=Str Sch=K M=R

3 Lass dir von einem Partnerkind die Sätze diktieren. Schreibe aus jedem Satz nur das Wort mit Dehnungs-h.

Heft 2, Seite 38 ③
a) Bohnen
b) ...

a) Timo mag keine Bohnen.

b) Die Polizei setzt eine Belohnung aus.

c) Ohne Haare hat man eine Glatze.

d) Die Wühlmaus gräbt sich einen Gang.

e) Eine Höhle ist ein Loch im Berg.

f) Fohlen sind junge Pferde.

der Draht | der Verkehr
die Fahrkarte | fühlen
die Höhle | führen

6 Wörter mit β einsetzen

M

1 Löse das Rätsel.

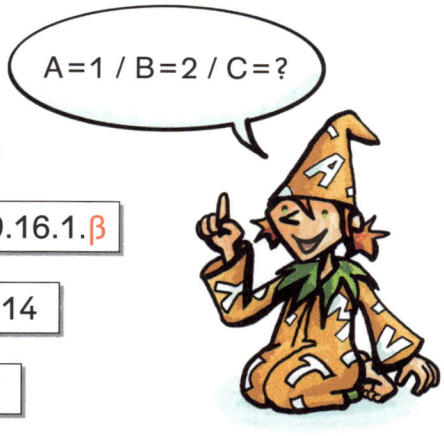

Beispiel: 2.5.9.β.5.14 beißen

19.20.18.1.β.5 | 23.5.9.β | 19.16.1.β

6.12.9.5.β.5.14 | 4.18.1.21.β.5.14

19.20.15.β.5.14 | 6.12.5.9.β.9.7

Heft 2, Seite 39 ①
beißen, …
…

2 Finde Reimwörter und setze die Silbenbögen.

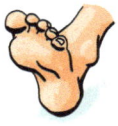

F✱β
Gr✱✱
R✱✱

b✱✱β✱✱
r✱✱✱✱✱
schm✱✱✱✱✱
h✱✱✱✱✱

g✱✱β✱✱
spr✱✱✱✱✱
sch✱✱✱✱✱
schl✱✱✱✱✱

F✱✱β
St✱✱
bl✱✱
gr✱✱

Heft 2, Seite 39 ②
Fuß, Gruß, …
…

3 Welches Tier ist Tims Lieblingstier? Schreibe in dein Heft.
Setze dabei Wörter aus 1 und 2 in der passenden Form ein.

Tims bester Freund ___ Krümel.
Am liebsten ist er ___ im Garten.
Doch wenn er Tim sieht,
streicht er ihm zum ___ um die Beine.
Sein ___ Fell mag Tim gerne. Er hat mit ihm viel ___.
Leider ist Krümel auch ein Tollpatsch.
Manchmal ___ er die Bodenvase um
oder ___ mit seinen Krallen an den Vorhängen.
Doch er ___ Tim nie!

Heft 2, Seite 39 ③
Tims bester Freund heißt Krümel. …

fließen
gießen
heißen
schließen
groß
süß

→ AH Seite 44

7 Nomen erkennen

Nomen schreibe ich **groß.** So erkenne ich sie:

1. Ich setze **vor das Wort einen Artikel:**
   der Onkel, **die** Mutter, **das** Kind …
2. Ich bilde die **Mehrzahl:** der Name – die Namen …
3. Ich **merke** mir: Namen von Personen, Städten oder Ländern sind auch Nomen: der Mädchenname **Anna**, die Stadt **Paris**, das Land **Deutschland**

1 Finde die Nomen aus der Wörterschlange heraus und schreibe immer Einzahl und Mehrzahl auf.

Heft 2, Seite 40 ①
die Mutter – die Mütter, …
…

2 Finde die 15 Nomen im Text. Schreibe sie in dein Heft. Überprüfe und unterstreiche: Das Wort hat einen Artikel (= blau). Von dem Wort kann ich die Mehrzahl bilden (= rot). Das Wort ist ein Name von Personen, Städten oder Ländern (= gelb).

Heft 2, Seite 40 ②
Freund, Tom, …
…

GESTERN HATTEN MEIN FREUND TOM UND ICH EINE LUSTIGE IDEE. WIR WOLLTEN ZWEI MÄDCHEN AUS UNSERER KLASSE EINEN SCHRECK EINJAGEN. WIR NAHMEN UNSERE FAHRRÄDER UND RADELTEN ZUM FLUSS. DORT VERSTECKTEN WIR UNS UNTER DER BRÜCKE UND WARTETEN. ALS WIR STIMMEN HÖRTEN, SPRITZTEN WIR MIT UNSEREN WASSERPISTOLEN. GLEICHZEITIG ABER WURDEN WIR PITSCHNASS. LISA UND ANNA HATTEN EINEN EIMER VOLL WASSER VON OBEN HERUNTERGESCHÜTTET.

der Boden
der Bruder
das Dorf
die Ferien
das Foto
das Loch

7 Den Satzanfang großschreiben

Satzanfänge schreibe ich **groß:** Die Feuerwehr hat viele Aufgaben.

1 Verfolge die Satzspuren mit dem Finger und schreibe die vier Sätze richtig auf.

Heft 2, Seite 41 ①
Mein Vater ...
...

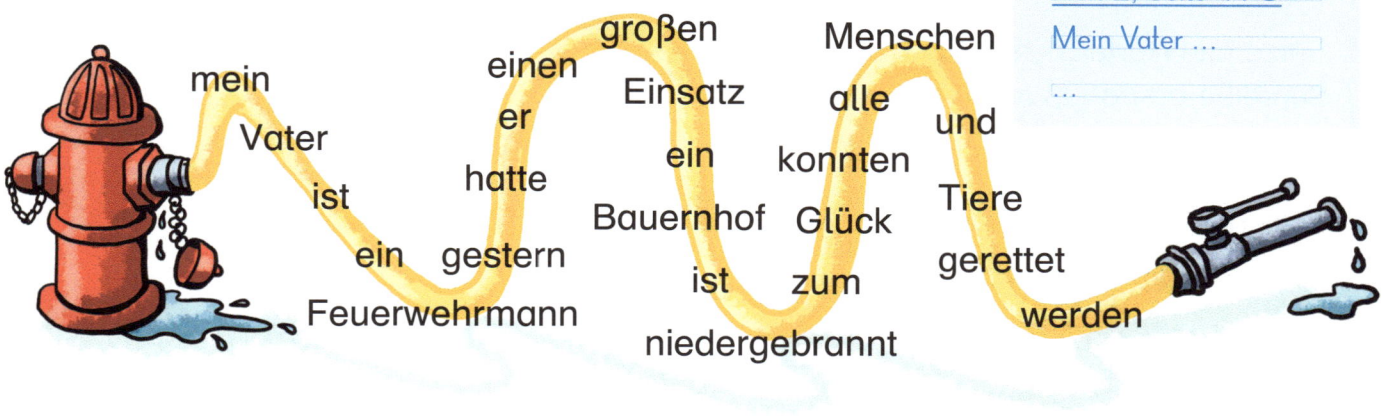

2 Schreibe den Text richtig ab. Schreibe die Nomen und Satzanfänge groß. Markiere sie in verschiedenen Farben.

Heft 2, Seite 41 ②
Die Feuerwehr hat ...
...

DIE FEUERWEHR HAT VIELE AUFGABEN. IHRE WICHTIGSTE AUFGABE IST ES, FEUER ZU LÖSCHEN. DIE FEUERWEHR HILFT ABER AUCH, WENN EIN UNFALL PASSIERT IST. DANN RETTET SIE DIE VERLETZTEN. SIE BESEITIGT AUCH DIE SCHÄDEN NACH EINEM UNWETTER, SIE PUMPT KELLER LEER UND RÄUMT UMGESTÜRZTE BÄUME AUS DEM WEG.

3

das Gewitter
der Lärm
die Luft
leiden
kaputt
krank

→ AH Seite 51

7 Zeitangaben großschreiben

Die Namen der **Wochentage, Monate** und die **Zeiteinheiten** schreibe ich **groß:** Dienstag, Januar, drei Stunden, zwei Jahre, ein Monat
Ich erkenne sie an einem **Signalwort, dem Artikel.** Manchmal ist er versteckt: **am** Abend (= **an dem** Abend), **im** Mai (= **in dem** Mai)

1 Setze die Wörter richtig ein.
Schreibe erst das Wort mit dem Artikel und dann den passenden Satz auf.

Heft 2, Seite 42 ①
1. der Abend: Am Abend trinke ich ...
...

1. Am ____ trinke ich eine warme Milch.
2. Jeden ____ ziehe ich mich an.
3. Ich habe im ____ Geburtstag.
4. 1 000 Meter schwimme ich in einer halben ____.
5. Am ____ gehe ich zu einem Geburtstag.
6. Meine kleine Schwester ist fünf ____ alt.

DIENSTAG	MÄRZ
ABEND	STUNDE
JAHRE	MORGEN

2 Schreibe fünf Sätze über dich auf.
Du kannst die Zeitangaben nutzen.

Heft 2, Seite 42 ②
Um sieben Uhr stehe ich auf.
...

jeden Tag | am Wochenende | im Mai | in den Sommerferien | an Weihnachten | im Frühling | nächstes Jahr | am Mittwoch | um sieben Uhr

3

der Mittag
der Monat
gestern
manchmal
morgen
oft

7 Anredepronomen richtig verwenden

In einem Brief an Freunde oder Verwandte benutze ich diese Anredepronomen: du, dein, dich euch, ihr, …
Diese darf ich groß- oder kleinschreiben.
In offiziellen Briefen wird der Briefpartner mit **Sie** angesprochen.
Die Anredepronomen werden der Höflichkeit wegen großgeschrieben: Sie, Ihnen, Ihr, Ihre …

1 Jan ist umgezogen. Die Klasse 3b schickt ihm diesen Einladungsbrief zum Sommerfest. Lies den Brief aufmerksam durch.

Lieber Jan,

wir möchten dich herzlich zu unserem Sommerfest am Samstag, den 21.6., ab 11 Uhr am alten Sportplatz einladen. Zuerst wollen wir mit dir grillen. Würstchen und Salat kaufen wir, aber du solltest bitte einen Teller, ein Glas und Besteck für dich mitbringen. Danach möchten wir gemeinsam spielen. Vielleicht fällt dir ein neues Spiel ein, das wir machen können?
Wir freuen uns auf dich und hoffen, dass du kommen kannst.

Deine Klasse 3b

2 Die Klasse möchte auch ihren ehemaligen Lehrer, Herrn Winter, einladen. Schreibe die Einladung um und benutze dabei die höflichen Anredepronomen.

Heft 2, Seite 43 ②
Lieber Herr Winter,
wir möchten Sie herzlich …
…

8 Einen Text verbessern

M ↪ ↯ ∪

1 Lies die Postkarte von Tom.
Bei manchen Wörtern ist er nicht sicher, wie man sie schreibt.

Liebe Mama, lieber Papa.

Gestern haben wir einen Sup★
Ausflu★ in das Spielelan★ gemacht. Leider
musste ich im Bus ~~schräcklich~~ dringen★
auf die ~~Tolette.~~ Bei den Parkpl★tzen
war dann ein Klo. Im Park ga★ es viele
versch★dene ~~Atrakzionen.~~

Bis bald, Tom

An Familie Seidl
An den Wäldern 3
78065 Grän

2 Schreibe die Wörter richtig auf. Nutze die Hilfen.

sup★	– ∪	Sprich deutlich in Silben.
Ausflu★	– ↪	Bilde die Mehrzahl.
Spielelan★	– ↪	Bilde die Mehrzahl.
dringen★	– ↪	Bilde die 1. Vergleichsstufe.
Parkpl★tze	– ↯	Bilde die Einzahl.
ga★	– ↪	Bilde die Grundform vom Verb.
versch★dene	–	Überprüfe: Kurzer oder langer Selbstlaut?

Heft 2, Seite 44 ②
a) super, Ausflug ↪ Ausflüge, …
…

So kannst du auch bei jedem eigenen Text vorgehen.

3 Schlage die durchgestrichenen Wörter von der Postkarte im Wörterbuch nach. Schreibe sie richtig auf.

Heft 2, Seite 44 ③
M: schrecklich, …
…

→ AH Seite 58

8 Nach Rechtschreibstrategien ordnen

Auf einen Blick:

- In Silben gliedern: So vergesse ich keinen Buchstaben: Besen
- Durch Weiterschwingen ein Verlängerungswort finden. So unterscheide ich **b** oder **p**, **d** oder **t** und **g** oder **k** am Wortende: Ber → die Berge
- Ein Ableitungswort bilden. So unterscheide ich **e** oder **ä** oder **eu** oder **äu**: Zäune ↯ Zaun Häschen ↯ Hase
- M Wörter mit doppelten Selbstlauten oder mit einem **ß** muss ich mir merken: Schnee, Fuß

1 Ordne den Zeichen zu, welche Strategie dir hilft, die markierte Stelle richtig zu schreiben.

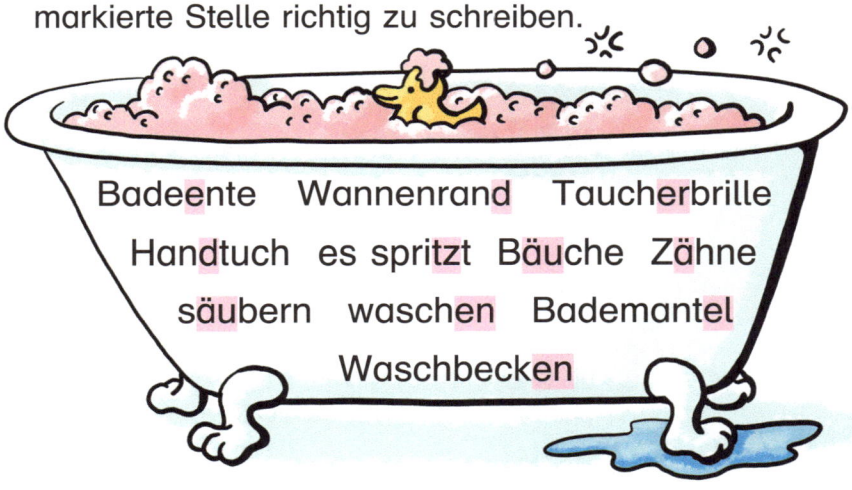

Heft 2, Seite 45 ① + ②

: Badeente

: Handtuch

: ...

M: ...

2 Ordne auch diese Wörter in **1** ein.

Ber* W*sche es schwimm* er w*scht
H*nde w*rmen Ba* hei*

der Delphin
das Schiff
der Schwanz
reißen
retten
tauchen

3

8 Rechtschreibstrategien anwenden

1 Ordne die Symbole den passenden Wörtern zu.
Schreibe die Wörter in dein Heft.

Heft 2, Seite 46 ①
a) toller, Tag ↪ die Tage
b) lächelt ↯ lachen
...

a) **Ein toll✱ Ta✱ am Meer** ↪ ∪

b) Paul l✱chelt bis über beide Ohr✱. ∪ ↯

c) Er nimmt sich sein Fahrra✱ und f✱hrt los. ↪ ↯

d) Heute ge✱t es mit seinem Freun✱ Tobi ans Wass✱. ∪ ↪ ↪

e) Hier an der Nor✱see bl✱st das ganze Jahr der Win✱. ↯ ↪ ↪

f) Für die Han✱tücher find✱ sie ein Pl✱tzchen in den Dün✱. ∪ ↪ ↯ ∪

g) Tobi sprin✱t muti✱ ins kalte Wa✱er. ∪ ↪ ↪

h) Paul l✱ft über den Stran✱. ↪ ↯

i) Er l✱sst seinen bunt✱ Drach✱ steig✱. ∪ ∪ ∪ ↯

2

→ AH Seite 59

8 Rechtschreibfehler verbessern

1 In Monis Text sind die Fehler schon angestrichen. Schreibe den Text fehlerfrei ab. Lass dabei immer eine Zeile frei. Begründe die richtige Schreibweise, z. B. „Satzanfang = groß“, „Nomen = groß“, „Verb = klein“ oder „Adjektiv = klein“. Schreibe die Begründung über das Wort in die leere Zeile.

Heft 2, Seite 47 ①

(Adjektiv = klein)

Montag ist für mich der schönste Tag ...

...

Montag ist für mich der Schönste Tag der woche. Da habe ich gitarrenunterricht. Ich hätte nicht Gedacht, dass es so viel Spaß macht. letzten Sonntag durfte ich vor publikum auftreten. Es war ganz leicht. ich war überhaupt nicht Aufgeregt. (Moni, 8 Jahre)

2 Davids Text enthält insgesamt acht Fehler. Schreibe den Text fehlerfrei ab.

a) Kennzeichne die vier Verlängerungsfehler mit ↪.

b) Markiere die anderen Fehler. Erkläre, was David verkehrt gemacht hat.

Heft 2, Seite 47 ②

Wenn mir langweilig ist, dann gehe ...

...

Wenn mir Langweilig ist, dann gehe ich auf den Bolzplaz. ||
Hier ist immer ein Freund, der mit mir kikt. mittwochs ||
trainiere ich im Fußbalverein. Am Wochenende haben wir |
ein spiel. Ich spiele im Mittelfelt, aber wenn der Torwart ||
Krank ist, dann stehe ich zwischen den Pfosten. (David, 9 Jahre) |

→ AH Seite 60

A a

aber
acht
der **Af|fe,** die Affen
al|lein
al|les
än|dern, sie änderte
der **An|fang,** die Anfänge
an|fan|gen, er fing an
die **An|gel,** die Angeln
der **Ap|fel,** die Äpfel
der **April**
ar|bei|ten, er arbeitete
der **Arzt,** die Ärzte
die **Ärz|tin,** die Ärztinnen
der **Ast,** die Äste
auf|räu|men, sie räumte auf
das **Au|ge,** die Augen
der **Au|gust**
das **Au|to,** die Autos
die **Axt,** die Äxte

B b

der **Bach,** die Bäche
ba|cken, er backte (auch: buk)
die **Bahn,** die Bahnen
bald
der **Ball,** die Bälle
die **Bank,** die Bänke
der **Bauch,** die Bäuche
der **Baum,** die Bäume
die **Bee|re,** die Beeren
be|gin|nen, sie begann
das **Bein,** die Beine
be|quem
der **Berg,** die Berge
be|stimmt
das **Bett,** die Betten
bie|gen, er bog
die **Bie|ne,** die Bienen
das **Bild,** die Bilder
bit|ten, sie bat
das **Blatt,** die Blätter
bli|cken, er blickte
blin|ken, es blinkte
der **Blitz,** die Blitze
die **Blu|me,** die Blumen
die **Blü|te,** die Blüten
der **Bo|den,** die Böden
das **Boot,** die Boote
bo|xen, sie boxte
bra|ten, er briet
bre|chen, sie brach
der **Brief,** die Briefe
die **Bril|le,** die Brillen
brin|gen, er brachte
das **Brot,** die Brote
der **Bru|der,** die Brüder
das **Buch,** die Bücher
die **But|ter**

C c

der **Cent,** die Cents
der **Com|pu|ter,** die Computer

D d

da|bei
dan|ken, er dankte

der **Dau|men,** die Daumen
den|ken, sie dachte
der **De|zem|ber**
dick
der **Dieb,** die Diebe
der **Diens|tag**
der **Don|ners|tag**
doof
das **Dorf,** die Dörfer
die **Do|se,** die Dosen
der **Draht,** die Drähte
dre|ckig
drei
drü|cken, er drückte
du
dumm
dun|kel
der **Durst**

E e

das **Ei,** die Eier
der **Ei|mer,** die Eimer
ein|pa|cken, sie packte ein
eins
der **Ele|fant,** die Elefanten
die **El|tern**
end|lich
die **En|te,** die Enten
die **Er|de**
er|lau|ben, er erlaubte
er|wach|sen
er|zäh|len, sie erzählte
es|sen, er aß
ex|tra

F f

das **Fach,** die Fächer
fah|ren, sie fuhr
die **Fahr|kar|te,** die Fahrkarten
das **Fahr|rad,** die Fahrräder
die **Fahrt,** die Fahrten
die **Fa|mi|lie,** die Familien
fan|gen, er fing
fas|sen, sie fasste
der **Fe|bru|ar**
die **Fe|der,** die Federn
die **Fei|er,** die Feiern
fei|ern, er feierte
das **Feld,** die Felder
die **Fe|ri|en**
der **Fern|se|her,** die Fernseher
der **Fin|ger,** die Finger
der **Fisch,** die Fische
die **Fla|sche,** die Flaschen
flei|ßig
flie|gen, sie flog
flie|ßen, er floss
das **Flug|zeug,** die Flugzeuge
der **Fluss,** die Flüsse
das **Fo|to,** die Fotos
fra|gen, sie fragte
der **Frei|tag**
fres|sen, er fraß
der **Freund,** die Freunde
freund|lich
der **Frie|den**
der **Früh|ling,** die Frühlinge
früh|stü|cken, sie frühstückte
der **Fuchs,** die Füchse

füh|len, sie fühlte
füh|ren, er führte
fünf
der **Fuß,** die Füße
der **Fuß|ball,** die Fußbälle
das **Fut|ter**

G g

ganz
der **Gar|ten,** die Gärten
ge|ben, sie gab
die **Ge|fahr,** die Gefahren
ge|fal|len, es gefällt
ge|hen, er ging
der **Geh|weg,** die Gehwege
das **Geld**
das **Ge|mü|se,** die Gemüse
das **Ge|schenk,** die Geschenke
das **Ge|sicht,** die Gesichter
ges|tern
das **Ge|wit|ter,** die Gewitter
gie|ßen, sie goss
das **Glas,** die Gläser
die **Glo|cke,** die Glocken
glück|lich
groß
die **Groß|el|tern**
grü|ßen, er grüßte
gut

H h

das **Haar,** die Haare
der **Ham|mer,** die Hämmer
die **Hand,** die Hände
das **Han|dy,** die Handys
hän|gen, er hängte oder: er hing
der **Ha|se,** die Hasen
das **Haus,** die Häuser
das **Heft,** die Hefte
heiß
hei|ßen, sie hieß
hel|fen, er half
hell
heu|te
die **He|xe,** die Hexen
die **Höh|le,** die Höhlen
die **Ho|se,** die Hosen
der **Hund,** die Hunde
hun|dert
hüp|fen, sie hüpfte

I i

die **Idee,** die Ideen
der **Igel,** die Igel
ihm
im|mer
in|nen

J j

die **Ja|cke,** die Jacken
der **Ja|nu|ar**
jetzt
der **Ju|li**
der **Jun|ge,** die Jungen
der **Ju|ni**

K k

der **Kaf|fee,** die Kaffees

der **Kamm,** die Kämme
kämp|fen, er kämpfte
die **Kan|ne,** die Kannen
ka|putt
die **Kat|ze,** die Katzen
kau|fen, sie kaufte
ken|nen, er kannte
das **Kind,** die Kinder
das **Ki|no,** die Kinos
das **Kis|sen,** die Kissen
die **Klas|se,** die Klassen
das **Kla|vier,** die Klaviere
das **Kleid,** die Kleider
klein
klin|gen, es klang
klop|fen, sie klopfte
ko|chen, er kochte
der **Kö|nig,** die Könige
kön|nen, sie konnte
der **Kopf,** die Köpfe
krank
das **Kro|ko|dil,** die Krokodile
die **Kü|che,** die Küchen
der **Ku|chen,** die Kuchen
die **Kur|ve,** die Kurven
kurz

L l

lä|cheln, er lächelte
la|chen, sie lachte
das **Land,** die Länder
lang|sam
der **Lärm**
las|sen, er ließ
lau|fen, sie lief
leer
leicht
lei|den, er litt
die **Lei|ter,** die Leitern
len|ken, er lenkte
le|sen, sie las
das **Le|xi|kon,** die Lexika
das **Licht,** die Lichter
die **Lie|be**
die **Li|nie,** die Linien
das **Loch,** die Löcher
der **Löf|fel,** die Löffel
die **Luft,** die Lüfte
lus|tig

M m

ma|chen, sie machte
das **Mäd|chen,** die Mädchen
der **Mai**
ma|len, er malte
manch|mal
der **Mann,** die Männer
der **Man|tel,** die Mäntel
der **März**
die **Ma|schi|ne,** die Maschinen
die **Mau|er,** die Mauern
die **Maus,** die Mäuse
das **Meer,** die Meere
mes|sen, es maß
das **Mes|ser,** die Messer
mich
die **Milch**
der **Mit|tag,** die Mittage

die **Mit|te,** die Mitten
der **Mitt|woch**
der **Mo|nat,** die Monate
der **Mond,** die Monde
der **Mon|tag**
mor|gen
der **Müll**
der **Mund,** die Münder
die **Mu|schel,** die Muscheln
die **Mu|sik**
müs|sen, er musste
die **Mut|ter,** die Mütter
die **Müt|ze,** die Mützen

N n

der **Na|gel,** die Nägel
die **Na|se,** die Nasen
nass
neh|men, sie nahm
das **Netz,** die Netze
neu
neun
nichts
nie
der **No|vem|ber**
nun
nur

O o

ob
oben
of|fen
oft
oh|ne

das **Ohr,** die Ohren
der **Ok|to|ber**
der **Ort,** die Orte

P p

paar
das **Paar,** die Paare
pa|cken, er packte
das **Pa|pier,** die Papiere
die **Pfan|ne,** die Pfannen
der **Pfef|fer**
die **Pfei|fe,** die Pfeifen
das **Pferd,** die Pferde
der **Platz,** die Plätze
plötz|lich
der **Preis,** die Preise
pro|bie|ren, sie probierte
die **Prü|fung,** die Prüfungen
der **Punkt,** die Punkte

Qu qu

die **Qual|le,** die Quallen
der **Qualm**
der **Quark**
das **Quar|tett,** die Quartette
quat|schen, er quatschte
quer
quiet|schen, es quietschte

R r

das **Rad,** die Räder
ra|ten
das **Rät|sel,** die Rätsel
der **Rauch**

rech|nen, sie rechnete
das **Re|gal,** die Regale
der **Re|gen**
rei|sen, er reiste
rei|ßen, es riss
ret|ten, sie rettete
rich|tig
rie|chen, es roch
der **Rie|se,** die Riesen
der **Ring,** die Ringe
rot
der **Rü|cken,** die Rücken
rüh|ren, er rührte
die **Rut|sche,** die Rutschen

S s

die **Sa|che,** die Sachen
sa|gen, er sagte
sam|meln, er sammelte
der **Sams|tag**
der **Sand**
der **Satz,** die Sätze
sau|ber
die **Schal,** die Schals
schal|ten, sie schaltete
die **Sche|re,** die Scheren
schie|ben, sie schob
schief
das **Schiff,** die Schiffe
schla|fen, es schlief
der **Schlauch,** die Schläuche
schlie|ßen, er schloss
schlimm
der **Schlit|ten,** die Schlitten
schlu|cken, sie schluckte
die **Schne|cke,** die Schnecken
der **Schnee**
schreck|lich
schrei|ben, er schrieb
der **Schuh,** die Schuhe
die **Schu|le,** die Schulen
das **Schul|fest,** die Schulfeste
der **Schul|hof,** die Schulhöfe
die **Schul|tasche,** die Schultaschen
der **Schwamm,** die Schwämme
der **Schwanz,** die Schwänze
schwei|gen, sie schwieg
schwer
die **Schwes|ter,** die Schwestern
schwie|rig
schwim|men, er schwamm
sechs
se|hen, er sah
die **Sei|fe,** die Seifen
seit
die **Sei|te,** die Seiten
der **Sep|tem|ber**
set|zen, sie setzte
si|cher
das **Sieb,** die Siebe
sie|ben
sie|gen, sie siegte
sin|gen, er sang
der **Sitz,** die Sitze
sol|len, er sollte
der **Som|mer,** die Sommer
die **Son|ne,** die Sonnen
der **Sonn|tag**

die **Spa|get|ti**
der **Spaß,** die Späße
das **Spiel,** die Spiele
spie|len, sie spielte
das **Spiel|zeug,** die Spielzeuge
die **Spin|ne,** die Spinnen
spot|ten, er spottete
die **Spra|che,** die Sprachen
sprin|gen, er sprang
spu|cken, sie spuckte
die **Stadt,** die Städte
der **Stamm,** die Stämme
stark
ste|cken, es steckte
ste|hen, sie stand
stei|gen, er stieg
steil
der **Stein,** die Steine
die **Stel|le,** die Stellen
ster|ben, sie starb
der **Stift,** die Stifte
still
stim|men, er stimmte
sto|ßen, sie stieß
der **Strand,** die Strände
die **Stra|ße,** die Straßen
der **Strauß,** die Sträuße
strei|ten, er stritt
das **Stück,** die Stücke
der **Stuhl,** die Stühle
der **Sturm,** die Stürme
su|chen, sie suchte
süß

T t

die **Ta|fel,** die Tafeln
tan|ken, er tankte
die **Ta|sche,** die Taschen
das **Ta|xi,** die Taxis
der **Tee,** die Tees
das **Te|le|fon,** die Telefone
der **Tel|ler,** die Teller
teu|er
der **Text,** die Texte
das **Tier,** die Tiere
der **Ti|ger,** die Tiger
der **Tisch,** die Tische
tra|gen, sie trug
die **Trä|ne,** die Tränen
trei|ben, es trieb
trin|ken, er trank
trotz|dem
das **Tuch,** die Tücher
tur|nen, sie turnte

U u

über|all
die **Uhr,** die Uhren
und
un|ten

V v

die **Va|se,** die Vasen
der **Va|ter,** die Väter
das **Ven|til,** die Ventile
ver|bie|ten, er verbot
ver|ges|sen, sie vergaß
der **Ver|kehr**

ver|let|zen, er verletzte
ver|lie|ren, sie verlor
ver|rei|sen, sie verreiste
ver|spielt
ver|ste|hen, sie verstand
ver|wech|seln, er verwechselte
viel
viel|leicht
vier
der **Vo|gel,** die Vögel
voll
von
vor
vor|bei
vorn
vor|sich|tig

W w

die **Waa|ge,** die Waagen
wach
wach|sen, sie wuchs
wäh|len, er wählte
der **Wal,** die Wale
der **Wald,** die Wälder
wa|schen, er wusch
wech|seln, sie wechselte
der **Weg,** die Wege
weiß
die **Welt,** die Welten
wer|fen, er warf
wie|der
win|ken, sie winkte
wis|sen
der **Witz,** die Witze
die **Wo|che,** die Wochen
die **Woh|nung,** die Wohnungen
wol|len, er wollte
das **Wort,** die Wörter
wün|schen, sie wünschte

Z z

die **Zahl,** die Zahlen
zäh|len, er zählte
der **Zahn,** die Zähne
der **Zaun,** die Zäune
der **Zeh,** die Zehen
zehn
zei|gen, sie zeigte
die **Zeit,** die Zeiten
die **Zei|tung,** die Zeitungen
das **Zelt,** die Zelte
das **Zeug|nis,** die Zeugnisse
zie|hen, er zog
das **Ziel,** die Ziele
das **Zim|mer,** die Zimmer
der **Zir|kus,** die Zirkusse
der **Zoo,** die Zoos
der **Zu|cker**
der **Zug,** die Züge
zu|letzt
die **Zun|ge,** die Zungen
zu|rück
zu|sam|men
zwei

Einsterns Schwester 3

Themenheft 2

Richtig schreiben

Herausgegeben von: Roland Bauer, Jutta Maurach

Erarbeitet von: Wiebke Gerstenmaier, Sonja Grimm und der Redaktion Primarstufe

Redaktion: Mirjam Löwen

Illustration: Yo Rühmer

Umschlaggestaltung: klein & halm, Berlin

Layout und technische Umsetzung: Katrin Tengler

Textquelle

7 Kruse, Max: Nimm Entenfedern. Aus: Windkinder. Ensslin, Reutlingen 1968

www.cornelsen.de

1. Auflage, 13. Druck 2022

Alle Drucke dieser Auflage sind inhaltlich unverändert und können im Unterricht nebeneinander verwendet werden.

© 2011 Cornelsen Verlag, Berlin
© 2017 Cornelsen Verlag GmbH, Berlin

Das Werk und seine Teile sind urheberrechtlich geschützt.
Jede Nutzung in anderen als den gesetzlich zugelassenen Fällen bedarf der vorherigen schriftlichen Einwilligung des Verlages.
Hinweis zu §§ 60 a, 60 b UrhG: Weder das Werk noch seine Teile dürfen ohne eine solche Einwilligung an Schulen oder in Unterrichts- und Lehrmedien (§ 60 b Abs. 3 UrhG) vervielfältigt, insbesondere kopiert oder eingescannt, verbreitet oder in ein Netzwerk eingestellt oder sonst öffentlich zugänglich gemacht oder wiedergegeben werden.
Dies gilt auch für Intranets von Schulen.

Druck und Bindung: Livonia Print, Riga

ISBN 978-3-06-080153-4

PEFC
PEFC/12-31-006

PEFC zertifiziert
Dieses Produkt stammt aus nachhaltig bewirtschafteten Wäldern und kontrollierten Quellen.

www.pefc.de